Quelque chose danse

Annabelle Larcheveque

Annabelle Larcheveque
Quelque chose danse

ISBN 978-2-9592216-7-5

Editions Les Souffleurs de vers
Dépot légal novembre 2024

Impression : Libri Plureos GmbH, Friedensallee 273,
22763 Hamburg (Allemagne)

À Pascal Reydet et Julie Rey, pierres blanches sur le sentier
À Cloé Przyluski, aux amis, à l'aventure poétique
À Hugo, à ma famille, piliers de la vie et de la poésie
À tous ceux qui tendent la main

Préface

Eté 2023. Je lis un poème qu'Annabelle m'a
donné.

Nous venons de nous rencontrer.

C'est peut-être une des plus belles façons de se
rencontrer : par le biais d'un poème.

Instantanément, je sens une « voix ». Je
l'appelle et le lui dis.

C'est important de dire à l'autre : j'ai entendu.

À quoi cela tient d'entendre une voix ?

À quoi cela tient de sentir qu'une écriture en
est traversée ? Qu'elle est, en ce sens unique,
éprouvée ?

Qu'elle a, quelque part, un îlot où déjà se
déployer ?

Qui parle à travers cette voix ?

D'expérience, je dirais humblement : le vent, le
mystère, l'absolu et l'écriture de l'autrice
qui s'y frotte, s'y mélange, y nidifie, prend son
temps.

La poétesse est celle qui, peut-être plus que les

autres, laisse venir à elle une écoute qui

s'inscrit toujours hors du temps.

Son écoute est sensitive, comme un

effleurement, un jeu, une danse.

Elle tend le coeur qui se penche et s'offre à

tous les vents.

Elle recueille.

(À l'autre bout, les lecteurices font de même).

Comme la mère qui finit les phrases de ses

enfants, la poétesse commence ou finit les

phrases du vent.

C'est cette brise que j'ai sans doute perçue

dans l'écriture d'Annabelle Larcheveque.

Une voix-vent qui appelle, qui rassemble, une

voix polygonale le matin, émeraude le soir,

une voix qui loin d'être une voix de façade, est

une voix de facettes, un bout du monde

diamanté où la rencontre a lieu. Le coeur à

l'écoute rencontre alors la voix de la totalité et

l'on passe de l'enfance à la nuit, de la nuit à la

grande vie.

« Quelque chose » nous parle qui n'est pas tout

à fait nous, qui est de l'ordre du vent, libre

et sans limite.

Quelque chose qui danse.

Une voix.

Un poème.

Des poèmes.

Julie Rey

Quelque chose danse

Quelque chose danse ici

Au dedans

Et vibre d'un seul chant

De tous les chants

C'est quelque chose qui se répand

Donne de la vie à l'abysse

Mes mains sont pleines

Pleines de rien

Paume ouverte avec l'onde

Et j'ai l'élan du monde

Sur la bouche

À boire et à danser

Le cosmos ne s'éteint pas

Rien ne s'achève

Quelque chose danse ici

De toutes ses pulpes

De toute sa sève

J'entends

Le son des bruissements

Des minimes et de l'immense

D'une même voix de silence

Saccadée de beauté

Mes pensées tremblent

Le rire éclate, sensible

La lumière coule comme le sang

Je suis la branche au vent

Réceptive

Quelque chose danse

En moi les possibilités

J'enlace l'invisible

J'ai la force du noyau

Et le souffle léger

De tous mes battements

Quelque chose est là

Qui danse

Tout part

Et tout s'élance

Du bout des doigts.

~

Je perçois des chemins de rire

Que personne ne veut croire

Je marche parmi ceux

Qui ouvrent la voie muette

Du fil de nos humeurs

Nous pourrions

Tisser des habitacles faits pour rêver

Nous enrober la langue de poésie

Seulement l'allure

De mon innocence

Vous semble dérisoire.

~

Donne-moi ton calme

Je ne trouve plus le mien

Il est midi

Je ne sais pas où piétine ma tempête

Partout

Silencieuse et latente

Irradiante dans le buste

Je cherche

Je précipite

Dans un ralenti navrant

Je prends le train de paysages

Je vais au travail par le rêve

J'étends du linge qui ne sèche pas

Sans un souffle

Sans cesse à courir pour opérer la vie

Donne-moi ton calme

Que je gobe autre chose

Que je fixe mon air

Que j'enveloppe ma montre

Dans le fichu d'un poème

Si mon œil un instant

Te devine

Te saisis

Je deviendrai nuageuse

Plus douce que le lait

Fruit au noyau sans urgence

Frisson dépourvu de froid

Tu as raison

Il faut que j'arrache

Ma cadence importune

Que je considère

Ce tourment comme un rien

Et que le rire m'embrasse !

Ce n'est pas grand-chose

Finalement

Le pourtour d'un vent tranquille

Voilà

C'est bon

Merci.

~

Ne vous fiez

Ni aux plis de ma robe

Ni à l'échappée de mon regard

Je suis assise

Dans le fauteuil de mon esprit.

~

Quand vient le temps de l'inutile

Où rien n'est accompli

Dans l'attente

Dans l'inimportance joueuse

Au creux de toutes nos choses sûres

Trouver ce sublime

Échappement

Du maintenant vers le maintenant

Forêt singulière d'où provient

Le tranquille.

~

J'ai demandé aux paysages

J'ai demandé à la joie

J'ai demandé aux fragilités

Il ne m'est pas permis

De vivre sans réponses

Et je creuse en rêvant

Les sillons de mon approche

J'éprouve tous les coins

De la lumière

En songeant je chemine

Et les larmes s'en iront siffloter.

~

Lorsque je serai petite à nouveau

Avec le rire nu

Et la sagesse tendre

Et mille yeux ouverts

À boire les magnifiques

J'écrirai vraiment.

~

Vous désirez ?

Un peu de lenteur
Et des herbes folles
Ce sera tout.

~

Je joue

Pour dire que rien ne compte

Je joue

Puisqu'il le faut

On porte sur soi comme un rôle

On a le costume curieux

On endosse sa vie

Et comme vous

J'ai le masque de l'enfantillage

Et de la gravité.

~

Un cheveu me sépare

Du vivre et du mourir

La clameur fait rouler

Mes larmes, qu'y a-t-il ?

Un jaillissement me vient dedans

Est-ce vraiment cela ?

La singularité

Que chacun creuse

Le fil ténu

De la présence

Le son des histoires

Comme un silex

Je voudrais rire

Jouer encore

Trouver l'éclosion sûre.

~

De l'abîme qui coule en moi

Peut jaillir une force absolue

On peut être en soi et pour soi

Un enfer ou un paradis.

~

Sommes-nous encore

Barricadés de choses troubles ?

Particules, portez-moi

Portez-moi sans relâche

Que vivre s'avance !

Mon regard embrasé

Sur vos joues multiples

Je me délesterai du plomb

Serai fusion d'avec le monde.

~

Et si le monde cesse de murmurer

Si la beauté des fragiles s'éteint

Qui viendra nous consoler ?

~

Il est sombre

Il est sombre

Il est sombre le temps

Où est passée

La fantaisie de notre aurore ?

Quand le ciel

Tissait en nous

Les couronnes des demeures

Quand dès l'aube

Nous allions

Ramasser le jour en riant

Sommes-nous rances à la fin ?

Avec nos graves faces

Incertains des mille beautés ?

Dans nos mains

J'irai soulever l'orage

J'irai quérir l'éclat

Nulle ombre enfin

Seulement le souffle légendaire.

~

Le ciel se couche sur moi

Peut-être vais-je seulement m'asseoir
Parmi l'herbe en silence

Me laisser entière entourer par la nuit
Dans le doute et la beauté

Et tenir par la main ma pensée
Comme une fleur étrange

Dans la clarté nocturne
Rêver.

~

Laisse-moi déverser

Il faut bien que ma mélodie
S'en aille quelque part

Laisse-moi répandre
Le sel de ma rumeur

Que mes joues s'accrochent
Aux graviers de ton jour

Que mon ciel et le tien
Se dénudent heureusement

Ce n'est plus mon souffle
Mais le vent
Qui récite
Dicte
Et m'enlace
Selon son rivage nouveau

Ce n'est plus mon souffle

Mais le silence

Qui psalmodie

Ordonne

Et œuvre fort

Au tricot des collines

Laisse-moi déverser

M'éclore

M'assouvir

M'écouler

Le feu m'embrasse

Et j'ai crevé l'idée du stop

Je suis au milieu de la route

J'ai le manteau des grands sourires

J'ai le visage de la forêt

J'ai l'œil empli de ma cadence

Laisse-moi déverser

Te pleuvoir

Te ruisseler

Rire sans aucun rire

Écrire sans aucun mot

Te graver

Te cogner de grâce

T'amalgamer à mon chant.

~

En fredonnant

Ce que le rire a de vivant

Le sol s'est dérobé

Il a mis la voûte à ses pieds

Et le siècle s'est tu

D'un coup

D'un beau coup frais

Une forêt est apparue

Couleur des lendemains légers

De son rien

Perlait de l'immense

Depuis

L'onde s'étend

En fredonnant.

~

Je suis attendue

Quelque part est ma place

Et j'ai la ressemblance

Du monde qui m'attend

Comme une danse en partage

Impossible

Offerte

Considérée

Une réalité très nue

Je suis attendue

Que l'intuition gobe tout le reste.

~

J'ai mangé la lumière

Elle avait un goût d'herbe polie
Suave et accomplie
D'une eau périlleuse

Le vent est entré dans mon sang
Avec son monde sous le bras
Et ses secrets déplissés

Là
J'étais devenue
Neuve et entière

-

Ce n'est pas quelque chose
Que l'on dit
Ce n'est jamais de cela
Dont on parle

On ne renverse rien

-

Un jour enfin
L'aube dégouline du cadre

Par la fissure
L'idée se perd et se penche

Il ne reste déjà plus
Qu'à se délecter

-

Alors
Les langues creusent
La terre
Emplie de miel et de musique

Et

Le temps s'ouvre nu

Frais des danses des morts

Et

Les étoiles s'étirent

Pour nous voir courir la clarté

Ou ôter nos robes de fer

-

Par la commissure des fenêtres

On s'évade en beauté.

~

Si autrefois

Mon corps avait des parois terribles

Contre lesquelles butaient les rêves

Maintenant

En ma chair infinie

Il est un monde entier dans lequel ils nagent

Vivacité de l'âme

Que rien ne peut arrêter.

~

Boire un instant

Boire

Un instant

Précis

Suave

Tremblant

Se délecter

De ce qui passe

Ce qui frémit

Jusqu'à la chair

Ce qui disparaît

Dans les pliures

Ce qui renverse

Le feu des miroirs

Boire un instant

Un instant

Plein

De l'infini pétille

De la paume respire

La finesse du monde en partage

Coule dans mon sang

Le caillou de l'immédiat

Joie du battement de souffle

Rond

Joie des nuages d'argent

Fugaces

Joie de l'arc en ciel

Plié de rire

Boire un instant

Boire

La limonade souriante

En tigre fragile

Surgir

Et rêver

Accueillir

Le moelleux du cratère

Sa voix

Sa soif

Sa prière

Pour comprendre

Savourer sans comprendre

Déshabiller le vide

Pénétrer le gouffre

Voir au-delà

Des clous

Des cils

Un instant

Pour bondir

Pieds joints dans ton humeur

Pour dévorer ta superbe

Et veiller

À la bonne marche

De ton silence.

~

Je suis entourée

La parole, le songe

La perception d'un invisible sensuel

De voluptés discrètes

Transparait

Dans les cœurs vifs de toutes choses

Dès lors

On ne s'étonne plus

La voix, la cime de l'arbre

Et toutes légèretés

Que l'envers du regard

Déshabille en souriant.

~

Le soir est tombé

Sur la terrasse nue

Au ciel un vent noir

Me soulève la joie

Et l'herbe m'embrasse

De son désir cru

Le parasol va grincer

J'ai l'invisible aux lèvres

Il pleut quelque chose

Dont on ne peut parler

L'été-monde salive

Au seuil de la beauté

À l'œil tout me chavire

Et me dit oui enfin

Les plantes drues

S'enivrent avec du rien.

~

Viendrais-tu valser avec moi

Près des roches douces ?

Oui, la lumière coule.

~

L'orage ne s'éteint pas

Il est ailleurs

Il reviendra

Il y a toujours

Un endroit où danser

Toujours un soulèvement

Une fronde quelque part

La forêt rit

Trouée de grêle

Dans sa robe noire

L'orage lui a laissé

Au corps

Un baiser sombre

Chantent encore

Les oiseaux

Par-dessus le monde.

~

D'un légume ramassé

Au ciel qui danse

Il n'y a qu'un pas

Et je suis à pied.

~

Les astres

De tous les jours

Rendent la vie vermeille

Pour chaque recommencé

Une nuance

Et dans le tintement des nuances

Une grâce file

Boutons de beauté

Dans nos cerveaux immenses

Fabuleuses quotidiennetés

Absolument tous les paysages

Nous appartiennent

~

Au cœur de ton cœur

Comme une plante ancestrale sacrée

La beauté

Vorace et résistante.

~

Ton chapeau
Tu l'as choisi accordé au jour

Ta vie
Colle à l'aurore

Ta pensée, comme une soif
Te poursuit gaiement

Tout est fête à ton instant

Il est une impossibilité de revenir

Ici
La joie
A tout emporté

Elle creuse, près de la tristesse
La tombe de ton étrangeté.

~

Sur le chemin

Ta tête dodeline

Les arbres se plient

Vers ton œil à ciel ouvert

Tu tètes la forêt

La surface du monde se plisse

De ton cœur il y a

Un agrandissement.

~

Je vis désormais

Au côté de ta hâte

Gobons tous les murmures

Les fourmillements de l'ensemble

Soyons ici

Foyer planète

Pulpe d'existence

Amour sans définition

Île en contretemps

Soyons

L'entièreté à construire

Au mortier du livre doux

Avec nos mains

Moelleuses de tout tâter

Avec nos esprits

Fiévreux de tout comprendre

Soyons

Des coups de joie

Contre la macabrerie

Résistants des tendresses

Toutes possibilités devant nous

Et les dents dans la pomme du jour

Avec nos éclaboussures.

~

Bien sûr le sommeil

Bien sûr la beauté

Bien sûr les bras tendus

Et l'invisible

Bien sûr le matin

Et ta voix

Elle qui dit " tout à l'heure"

Sans connaître le temps

Qui va et qui coule

Au dehors de ton rire

Au dehors de ta sève

Où s'allonge les jours

Et la main de l'horizon

Cils tendres et pupilles fraiches

Déchirent la gravité du monde

Bien sûr le vide

Le vide me penche

Et le cimetière

Le cimetière qui nous pend

Mais l'inattendu et la vague

Ta paume douce

L'aube éclatée

La splendeur et le rien

La bouche des journées

Cils tendres et pupilles fraiches

Déchirent la gravité du monde

Savoir humblement

Murmurer fort

Bien sûr aimer

Qu'y a-t-il encore ?

Épouser le chemin

Écouter le silence

Du silence danser

Boire l'immensité.

~

La pulpe de ta joue

L'univers élégant
De ton âme.

~

Nous sommes

Dispersés mais présents

Mondes en éveil

Ondes parmi les ondes

Herbes solitaires

Morceaux de brume

Nous sommes

Reflets extensibles

Et fragilités de nos plumes

Des étoiles du matin

Embuées de sommeil

Des feuilles jonchées

Des souvenirs

Et des joies que l'on cherche

Des corps en mouvance

Nous sommes

Des caprices souhaités

Vapeurs accrochées à nos joues

Robes flottantes par-dessus l'ombre

Si simple de rêver

Au verdoyant de la vie

Le banc pour contempler

Le chemin pour devenir

Racines entre les racines

Après l'éclosion des jours

Nous sommes

Royaumes discrets

Offerts et perlés de beautés

Avec nos raisonnements d'âmes

Nos demandes d'amour éclairées

Nous sommes

De nuances profondes

Des planchers troués

Des sillons

Des demi-lumières

Et le monde puise son ciel

Aux plis du silence

À l'éclat de nos différences

Nous sommes

Créatures fantastiques

Aux pieds de la ville

Foutoir truculent et végétal

Invisible forêt à portée du bruit

Perdus joyeusement

Nous sommes

Amalgames des possibles

Humectés des croyances vaines et réelles

Îles de grâce

Et foisonnement des histoires

L'imaginaire gravé dans nos lignes

Nous sommes

La gentillesse du flou

L'infini de nos questions

Des élégances des inaperçus

Des sœurs de vivacités

Des pluriels singuliers.

~

Demain sera sauvage

Vivant

Ni écrasant ni écrasé

La paume ouverte

Et le songe écouté

Nos esprits forêts tisseront

De nouveaux murmures

Nous regarderons le jour enfin

La cime des idées

D'une herbe fraiche

Sur laquelle s'allonger

Nos histoires se liront

À voix de glaise

À pleins poumons

La réelle beauté

Le vent aura raison

Et la vie fera craquer
Son grand corps bleu-terre

Dansant
Cru comme une louve

L'instinct dans la vertèbre

Nous parlerons
À l'aube à la fougère
À la rêverie

D'un seul rire
Au pli des possibilités

Toute chose nue de lumière.

~

Entendre

Le silence frissonner

Ni du froid ni du chaud

Frisson des tendresses

Il ne tient qu'à toi

De cueillir ce jaillissement

De tremper ton âme

Dans le flot qui vacille

Trouve ta volupté

Dans le silence

Accroche ton humeur

À son humeur gracile

Comme un délassement

Entendre

L'onde dans le pli de l'été

Sensiblement les métronomes rouler.

~

En ressemblance à la vie

Nous devons

Déquadriller tout

Et rassembler désormais

Le sensible du monde

Je fais le songe vivifiant

De l'insouciance générale.

~

Je n'ai pas tout compris

Pas assez ri

Pas caressé suffisamment

Je courre encore

Après la pièce du puzzle

Après la source allumée

Après le bout du chemin

Affamée

D'invisibles rumeurs

De joies souveraines

De forces liées

Il y a ce morceau

Qu'il me faut arracher

Aux nœuds des jours

Ce rire, assis en tailleur

Celui des forêts sans paroles

Cette élégance du fond sol

Que je brûle d'attraper.

~

Chemin faisant vers le beau, l'impromptu

Sans savoir ce qui viendra, ne viendra pas

- Force pleine de ma curiosité

Destination incertaine et vivace -

Je crois deviner, un souffle me vient,

Le parfum d'existence

Et soudain

On annonce un départ perpétuel

Pour autre chose.

~

Contact éditeur :

direction@lessouffleursdevers.fr

La maison d'édition Les souffleurs de vers est une
structure associative qui œuvre pour la diffusion
de l'art poétique.

Vous pouvez nous soutenir en faisant un don
et/ou en adhérant à notre association en
consultant notre site internet

www.lessouffleursdevers.fr